Marc Loy

Chemins
de traverse

Éditions Dédicaces

CHEMINS DE TRAVERSE, par MARC LOY

ÉDITIONS DÉDICACES LLC

www.dedicaces.ca | www.dedicaces.info
Courriel : info@dedicaces.ca

© Copyright — tous droits réservés – Marc Loy
Toute reproduction, distribution et vente interdites sans autorisation de l'auteur et de l'éditeur.

Marc Loy

Chemins de traverse

À petits pas

Tu as ouvert les tournesols
en contournant les parasols
qui te faisaient de l'ombre auprès
de ta tourmente ensoleillée

dans les palmiers de ta demeure
où a grandi ta petite sœur
tu caressais le rossignol
il reprenait son chant en sol

dans les carreaux de véranda
se reflétaient les petits pas
sur la grande scène de l'opéra
de ton grand paon en apparat

sur les allées tombent les fleurs
d'où se dégagent des odeurs
le soleil fuit il est cinq heures
c'est le moment d'un grand bonheur

dans le bassin les nymphéas
marchent sur l'eau à petits pas
les canards glissent en solitaires
et le vilain n'est plus derrière

dans le carré des parasols
c'est l'ouverture des rossignols
la fête commence dans les allées
toute la nuit c'est défilé

Abandon

Lorsque la nuit revient
tu marches sur les étoiles
pour enfin te trouver

tu es le funambule
qui glisse sur la toile
de ton âme égarée

tu trouves sur le chemin
des étagères froissées
emplies de tes mémoires

tes yeux se tendent au loin
et touchent le sacré
enveloppant ta peau

tu entends tout ce bruit
frapper derrière la porte
sombrant vers le néant

alors tu t'abandonnes
au reflet du regard
encombrant ton destin

Abandonné

Sur le mur de nos litanies

nos tags s'en vont vers le couchant

on y projette sa comédie

le monde entier

et ses parents

au rendez-vous des tragédies

la préhistoire de nos ancêtres qui ont trouvé l'arbre du temps

dans le quartier

des comédiennes

sur le mur de nos litanies

nos vœux se collent dans le ciment

connaissez-vous nos poésies

des vers troublés

des vers troublants

sur le plateau du son usé

dans les impasses enchevêtrées qui tournent
autour de l'âme en blanc

photographier

notre ami Keith

de l'autre côté peut-on vraiment

trouver son autre abandonné

sur le mur de nos litanies

ricoche l'amour et ses tourments

la belle bécane tourne la vie

du vieux passé

jusqu'au présent

les phares d'une Buick projettent des briques
avec du vert sur l'imparfait

bien éclairé

c'est surprenant

de l'autre côté peut-on vraiment

trouver son autre abandonné

Accusé

Sur la banquette dans le couloir
j'attends les mots pour être jugé
ils se sont plaints de mon passé
de mes problèmes avec la vie
et je suis là la peur au ventre
au Tribunal de Grande Instance
je réfléchis je me tourmente
lequel d'entre eux ai-je pu blesser

on dit souvent que mes poèmes
sont innocents ou enfantins
et les enfants sont turbulents
ils en disent trop ou pas assez
j'emploie toujours les mêmes mots
sont-ils jaloux ceux que je laisse
j'ai les mains moites vont-ils me pendre
tiens on s'agite là-bas au fond

la marie-jeanne la cocaïne
m'accusent d'avoir menti sur eux
leur paradis n'est pas l'enfer
je dois l'écrire et le crier
on ne sait pas ce qui se cache
derrière les mots que l'on écrit
interpréter toute une histoire
et le poète peut faire du bruit

Aïeux

Sur la marelle des ans

le préau

tourne encore

dans la nacelle de nos grandes espérances

nos regards se rejoignent

la peur des ombres allongées disparaît
sous les arbres de l'enfance

le soleil brûle notre inquiétude

à l'horizon des cahiers en cendre volent les corbeaux blancs

les volutes de l'esprit

nourrissent les brillances

le vent pousse la machine à coudre les fantasmes

dans la maison des morts

se courbe

la vie

en feu

l'olifant du mystère détourne les harmonies

il repousse la mémoire

de nos divins aïeux

Aimer chacun

Dans ce train de banlieue
que je prenais souvent
j'y ai rencontré Dieu
la Bible et le Coran

ils me parlaient d'amour
de paix sur cette terre
j'ai vu un nouveau jour
dans les yeux de mes frères

les enfants s'embrassaient
les parents se souriant
ils savaient que là-haut
le monde était si beau

chacun avait compris
qu'au-delà de Paris
qu'au-delà des voyous
il y a des bijoux

ceux qu'on a dans les yeux
quand on est amoureux
il faut aimer chacun
c'est cela le chemin

dans le train de banlieue
j'y ai trouvé la paix
peut-être est-ce le lieu
où on s'est ressemblé

Alors elle chante

Elle était là sur la banquette
face au soleil de cette nuit
elle feuilletait l'anniversaire
de son amour pour la psyché

les phrases couraient sur l'épiderme
au bout des doigts sur son regard
on voyait bien au fond des yeux
venir les mots qui défilaient

ils défilaient comme à la fête
c'était pour eux quatorze juillet
feu d'artifice et petits bals
ils tournoyaient dans ses pensées

elle essayait de les calmer
mais ils faisaient ce qu'ils voulaient
de nouveaux mots criant de joie
en se mêlant au serpentin

Elle était là sur la banquette
face au soleil de cette nuit
on voyait bien qu'elle recherchait
à arrêter l'hémorragie

la musique vient et accompagne
ce flot d'amour qui vient du cœur
alors elle chante la vie la mort
elle interprète sa comédie

Amour pendu

Le buvard a séché
les larmes du désert
qui brillaient dans la nuit

les roches recouvraient
ton regard cristallin
tourné vers les deux mondes

l'encrier s'écoulait
sur mon espoir tendu
à la jointure des corps

l'enveloppe contient
cet horrible message
de l'amour étranglé

le spectre de l'étoile
s'éteint entre tes mains
il bouge encore un peu

le silence de la vie
s'enfonce dans tes pas
qui s'estompent au lointain

Ancêtres

Monter pierre après pierre
vers la porte de l'enfer
en y brûlant ses yeux

boire le sang de nos vies
coulant entre les mains
de l'ange prenant l'envol

ramper dans la fournaise
qui lèche notre corps
jusqu'au flou des pensées

courir au fond du lac
y revoir ses ancêtres
dans les pages des lieux

trouver dans l'encrier
de l'infinie mémoire
le mot mort à jamais

et entendre son rire
nager dans le tumulte
du silence aérien

Après

Tu glisses sur le ciel
parsemé de nuages
le cœur désorienté
tu as quitté ton corps

tu te sens si léger
que ta plume retombe
aussi lourde que le plomb
au fond d'un monde perdu

tu avances libéré
de tes craintes anciennes
tu es dans la beauté
ton art est dans ta main

tu t'assois sur le vent
qui pousse ta vision
les couleurs sont si belles
dans les ronds alentour

les mots qui te traversent
sont si doux à entendre
que tu te sens bercé
par cette mélodie

tes ancêtres se balancent
sur la roue éternelle
enfin t'es libéré
de ce poids inhumain

Au bal du vent

Au bal du vent tu as tourné
au bord de l'eau sous les lampions
tu as refait le monde entier
tu as dansé avec ton ombre

tu es partie avec tes rêves
loin de la plage dans des bordels
ces pauvres femmes vendaient leurs corps
dans les bas-fonds du petit port

le tempo lent se déroulait
et tes amants te regardaient
la transparence de ta robe
les chaviraient dans cet été

et toi là-haut tu repartais
dans les dédales des beaux quartiers
avec des hommes qui te suivaient
c'était la fête ensoleillée

au bal du vent tu as souri
au bal du vent il t'a souri
main dans la main vous êtes partis
dans les dessous du paradis

nul ne pourra plus vous atteindre
et même vos âmes qui vont s'éteindre
sur cette terre vont se confondre
entrelacés dans l'autre monde

Au bord du quai

Tu as marché au bord du quai
en écoutant le train passer
et ton visage dans le reflet
s'en est allé désespéré

tous ces instants dans la montagne
et plus personne qui t'accompagne
sous le tunnel les fleurs ouvertes
dans les jardins des découvertes

tu as marché au bord du quai
en repensant à ton passé
tu étais seul dans les allées
de ces grands parcs massacrés

tu as couru après les guerres
qui t'ont tué la vie entière
et maintenant comme invalide
ta cour est propre ta cour est vide

l'amour aussi est un voyage
un carrousel qui n'a pas d'âge

tu as marché au bord du quai
le dernier train est arrivé
et cette femme t'a regardé
à l'autre bout de cette rive

une seule chance dans ta vie
pour y trouver cette harmonie
surtout ne laisse pas passer
cette belle femme du bord du quai

l'amour aussi est un voyage
un carrousel qui n'a pas d'âge

Au cinéma

Mon chat couché sur le clavier

invente des mots extravagants

se faire taxer dans l'équinoxe

changer l'amour dans la marée

hâter l'élan de l'interprète

il voit ses mots courir l'écran

et ne sait plus si équinoxe

lui est venu avant taxer

il voit mes doigts bouger devant

très concentré aux mots suivants

la véranda du ver luisant

le subconscient de renaissance

et l'ombre molle du condamné

mon chat à gauche tape sur les touches

il rectifie le condamné

en écrivant le con glorieux

mon chat se sert de ma souris

il met en bleu l'univers gris

efface la peur ajoute la paix

met de l'amour aux lieux communs

feu d'artifice à l'incendie

de la beauté dans les taudis

change en chef-d'œuvre do sol ré la

puis il s'endort au cinéma

Au fond de la forêt

Au fond de la forêt
y dort notre pensée
nos souvenirs en ronde
l'espoir d'un autre monde

le train de notre enfance
l'amour d'adolescence
le regard vers la mer
à l'horizon des vers

au fond de la forêt
il y a les nuages
souvent accumulés
comme le font les âges

les idées sont cachées
par des arbres grandioses
peut-être les chercher
en faisant la symbiose

il faut en faire le tour
ça peut me prendre des jours
et lorsque j'ai trouvé
je suis dans mon passé

au fond de la forêt
je m'y perds très souvent
je confonds le présent
avec de vieilles pensées

Au fond de nous

Le mur est transparent
on y voit les collines
à l'horizon des morts

les animaux en paix
dorment dans les herbages
on sent l'amour en eux

un doigt démesuré
monte par la fenêtre
il est symbolisé

il porte sur le champ
une pièce de monnaie
quel est son intérêt

sa vue déséquilibre
cet espace tranquille
qui est au fond de nous

Au fond des yeux

Les sentiers mènent à la lumière
croire au chemin est important
ça rend plus douces nos pauvres âmes
de voir plus loin que le néant
dans le désert de notre passage
on marche longtemps en marécage
dans ce hasard on désespère
ce grand terrain est un enfer

Les sentiers mènent à la lumière
on peut se dire qu'il n'y a rien
qu'après la mort nous sommes aux vers
nous ne naissons pauvres humains
passant sur terre pour des misères
une hiérarchie de connaissances
distraire le temps en attendant
jouir des plaisirs selon son rang

Les sentiers mènent à la lumière
on peut cueillir dans le jardin
l'amour est là un peu partout
dans l'univers quand il se pose
dans le regard des horizons
les bruits qui chantent dans la maison
l'amour est dans l'amour des autres
le chemin mène au fond des yeux

Au fond du lac

Aller chercher au fond du lac
le grand chemin qui mène au bout
plus compliqué qu'avec le bac
c'est une idée qui me rend fou

il est pourtant bien nécessaire
de retrouver de quoi j'ai l'air
parmi les roches et les poissons
dans le dédale des environs

aller chercher au fond du lac
l'itinéraire qui conviendrait
j'ai emmené dans un vieux sac
des hameçons et des lacets

je vois très bien des figurines
qui ont marqué mon temps passé
était-ce bien ce Lamartine
de poésie et de pensée

aller chercher au fond du lac
ces quelques mots qui sortent en vrac
reconstituer cet argument
aussi solide que le ciment

montrer à tous cet essentiel
que mon chemin providentiel
était enfoui dans ma mémoire
dans mon regard on peut le voir

Au fond du nid

Au fond du nid d'abeilles
j'ai trouvé le soleil
les oiseaux migrateurs
y sont toujours à l'heure

j'y ai vu des espaces
arrondis dans la glace
des enfants faire la ronde
éblouissant le monde

au fond du nid d'abeilles
j'y ai vu des merveilles
les gens enfin s'aimer
dans les villes dans les prés

les temps ne sont plus flous
dans les asiles de fous
chacun trouve sa place
même dans les grands palaces

au fond du nid d'abeilles
j'ai retrouvé la veille
et ce sens de la vie
infiniment petit

il dirige l'essentiel
et la terre et le ciel
il dirige mon amour
celui de tous les jours

Au loin

J'ai vu passer au loin
des oiseaux enterrés
qui cherchaient leur chemin
au ventre du passé

et des vélos rouillés
roulant en fond de mer
parmi les crustacés
qui encombrent la terre

j'ai vu passer au loin
un paisible bédouin
qui ratissait l'enfer
pour retrouver son frère

dans la gare du grand Sud
fleurissent les palmiers
annonçant le prélude
des soleils retrouvés

j'ai vu passer au loin
l'encrier de mes songes
portés dans le chemin
par le vent qui me ronge

assis sur le vieux banc
je m'assoupis un peu
le temps est perturbant
ce matin en ces lieux

Auprès de soi

Ouvrir le ciel tendu
et regarder sa vie

déplier l'olivier
au vent de ses pensées

écouter rebondir
les terrasses de l'espoir

courir dans le filet
qui enferme les nuées

glisser sur le filin
qui découpe les montagnes

frôler le voile bleu
en dansant dans ses yeux

sauter les moutons blancs
qui reviennent vers le port

accrocher la jetée
sur le mur de l'honneur

recoudre la pelouse
déchirée aux rochers

tourner dans les étoiles
qui s'éteignent au matin

sortir son univers
dans d'autres galaxies

aimer son paradis
qui couche auprès de soi

Authentique

C'est sur ce tapis rouge
qui plane dans le vent
que tu cherches l'aurore
où tu jouais enfant

les cathédrales champêtres
s'élevaient dans le ciel
tu te signais debout
c'était ton essentiel

tu peux courir sur l'eau
traverser les déserts
ton cœur est tout en haut
tu as quitté la terre

et jouer ta musique
du bout de tes dix doigts
ta musique authentique
elle raisonne en toi

dans tes gares sauvages
résonnant dans ton cœur
tu as plié bagage
dans des trains à vapeur

et le grand cerf-volant
a emporté ton âme
parmi les encombrants
où s'endort le sésame

Avec elle

Entre deux parenthèses
on peut se retrouver
sur le quai d'une gare
en portant ses fantasmes
dans l'âme d'un confetti
qui retombe comme un ange
le soir à la chapelle
c'est un rêve qui dérange

Entre deux parenthèses
on traîne toujours un peu
au bistrot des cocus
et on se sent à l'aise
dans les rues des retards
on a encore trop bu
l'amour du monde entier
qui fume des pétards

Entre deux parenthèses
on engueule le bon Dieu
au bout d'une jetée
en pissant dans la mer
celle qui s'est tant marée
de notre timidité
allez on te pardonne
tu n'es pas la plus moche

Entre deux parenthèses
on peut se retrouver
dans le taxi du monde
sans savoir où aller
et demander la fin
parce qu'elle tarde à venir
se sentir enfin libre
en dormant avec elle

Avec la mort

J'ai rendez-vous avec la mort
alors je joue avec mon sort
je prends mon temps dans les refrains
j'évite un peu vers les ravins

elle n'est pas drôle je le sais bien
elle cache son jeu mine de rien
je lui souris je touche mon crâne
je crie très fort et je fais l'âne

je mets sa faux dans un placard
pendant ce temps j'écris mon art
je tape mes maux sur mon ordi
elle cherche partout pas vu pas pris

je fais plus jeune que mon âge
pour la tromper la mettre en rage
en fond de glace je l'ai bien vue
elle est gamine et bien foutue

à moitié nue très attirante
en danse lascive et perturbante
elle fait monter mon atmosphère
je n'en peux plus je manque d'air

puis elle me prend me ronge les yeux
je me débats je suis furieux
elle m'envahit et puis je meurs
alors elle rit c'est une horreur

Besoin d'éternité

C'est un jardin un peu fouillis
on y retrouve même ses oublis
toutes ses pensées et ses amours
ses joies de vivre pour toujours

dans les bosquets des fleurs humaines
nous tendent les bras sur cette scène
les comédiens ont des rayons
qui les entourent de vibrations

C'est un jardin un peu fouillis
on tourne en rond dans les taillis
et la fanfare mène le tempo
sous les lumières et les jets d'eau

les animaux partagent la vie
des êtres humains en harmonie
les chimpanzés mènent le bal
au défilé du carnaval

C'est un jardin un peu fouillis
on fait des tours au paradis
des galipettes sur le gazon
des jeux de filles pour les garçons

sous les arceaux les fleurs s'emmêlent
dans des frissons d'air naturel
on y retrouve le défilé
dans un besoin d'éternité

Bien arrivé

Une vie à l'envers
dans le manège du monde
sur le plan du carrelage
qui est interrompu
la boucle d'horizon
se referme sur le temps
à l'autre bout du vent
qui s'envole le soir

Une vie à l'envers
dans le manège du monde
peut s'en aller en l'air
à l'instant la seconde
lorsque l'odieux est mort
qu'on l'a assassiné
et qu'on ne trouve rien
rien à mettre à sa place

Une vie à l'envers
dans le manège du monde
on a passé son temps
avec des habitudes
dans les coulisses d'étoiles
les carrefours éventrés
tournent dans les cauchemars
des bidonvilles de l'âme

Une vie à l'envers
dans le manège du monde
la cour est à l'endroit
et les feux clignotants
on ressent des secousses
mais notre cœur est calme
on descend très heureux
d'être bien arrivés

Bien réparé

Cet accident sur le chemin
un arbre mort
tôt le matin
une sacoche posée par terre et la chaise vide en solitaire
c'est un constat banal et froid
cet arbre mort est-ce possible
la sacoche et la chaise sont là
mais l'accident
on ne voit pas

il est caché dans l'inconnu
le père est là
dans ces racines
vous devriez être sur la chaise votre inconscient est en sacoche
votre père mort est toujours là
vous n'existez qu'à travers lui
dans la sacoche est sa mémoire
il est peut-être
déjà trop tard

il faut vider votre sacoche
pour vous asseoir
sur la chaise vide
vous retirez certaines racines qui occupaient toute votre vie
c'est un amour en équilibre
une sacoche à moitié vide
et vous assis sur la chaise pleine
un accident
bien réparé

Bonsoir la vie

Sur le passage du train rapide

elle attendait seule sur les rails

derniers instants

d'une vie horrible

seule dans ce monde adolescent, fuyant le vide de ses parents

elle espérait

des longues plages

et des chevaux tournant manège

et la fanfare formant cortège

lorsqu'on est jeune et bipolaire

on traque la vie et puis la mort

on voit la forêt

à l'envers

dans le soleil et les nuages la peur est là,
on meurt avec sa solitude,

sur son carnet

elle dessinait

des fleurs mangeant le monde entier

la mer criait sur la jetée

elle entendait le TGV

personne n'a jamais compris

cette souffrance

la torturait

elle était dans son autre monde un monde baroque très encombré

avec des voies

si bien nouées

mais maintenant c'était fini

il était là bonsoir la vie

Ça change tout

J'ai vu passer beaucoup d'images
même souvent trop selon le temps
là elles flottaient comme un mirage
elles étaient belles comme au printemps

dans le manège les blancs chevaux
prenaient l'envol en tournant trop
et les enfants riaient heureux
une grande joie au fond des yeux

j'ai vu passer beaucoup d'images
et tout le monde prenait de l'âge
mais je pouvais le ralentir
dans ma machine à rajeunir

chacun venait même de très loin
redevenir un jeune gamin
les tours passaient et je gagnais
la sympathie du monde entier

j'ai vu passer beaucoup d'images
et je voyais sur leur visage
que grâce à moi le temps n'est rien
je le savais j'étais serein

on a en nous de grands pouvoirs
depuis des temps sans le savoir
notre âme est Dieu elle est en nous
et le savoir ça change tout

Ça m'arrange

Cet ange noir dans l'atmosphère
tournait autour de nos pensées
entourant l'heure secondaire
dans ces endroits où on marchait

en bord de Seine les saules pleureurs
recouvraient l'air qui balançait
et ces genêts triste senteur
en avançant regard brouillé

Cet ange noir dans l'atmosphère
auprès de nous dans cette barque
qui dérivait vers cette terre
endroit morose où on débarque

le pont d'Asnières et son auberge
envahi par les ailes folles
avec sa vue de voie sur berge
et ses amours qui batifolent

Cet ange noir dans l'atmosphère
marche sur les rails vers le mur triste
ils brillent sous le réverbère
le rendez-vous paraît sinistre

en s'allongeant sur le ballast
le couple serre les mains de l'ange
ce qui en reste est un ersatz
qui plaît beaucoup et c'est étrange

Ce fil d'amour

C'est difficile quand vient la nuit
dans son jardin tout y est gris
comment trouver un peu de joie
voir nos pensées est un exploit

on cogne partout on est inquiet
notre univers est enfermé
le moindre bruit vibre en notre âme
on cherche en vain notre sésame

l'espace en nous est différent
il n'arrête pas il est plus grand
il nous fait peur on est sonné
on ne sait pas où s'arrêter

on tourne au fond de nos pensées
elles voudraient bien être éclairées
le monde en nous est rétréci
quand dans sa tête il est minuit

c'est difficile quand vient la nuit
mais que voit-on un fil qui luit
il nous emmène dans les lieux noirs
chassant ainsi le désespoir

ce fil d'amour peut nous guider
dans notre vie d'obscurité
et le trouver c'est important
pour éviter tous nos tourments

Ce monde odieux

Au-dessus de la terre
on a trouvé la paix
loin des courants austères
des quartiers de santé

dans celui d'où on vient
y brillaient des cailloux
un monde qu'on aimait bien
qui en met plein les trous

un monde de malins
qui n'ont pas ventre creux
les affaires les galères
aussi bien pour les vieux

l'habitude de tricher
qu'on prend au fond des rues
rebuts de société
cet art d'être voyou

Au-dessus de la terre
on a trouvé la paix
les grilles étaient très hautes
mais on y est monté

dans les nuages des pensées
on est parti au ciel
guidés par les colombes
en guise de sentinelles

on nous a fait sauter
notre pauvre cervelle
pour des kilos perdus
de la vie en dentelle

maintenant on est bien
on a tout ce qu'on veut
on est enfin tranquille
loin de ce monde odieux

Ce pays lointain

Sous la pluie diluvienne
les ombres ont disparu
tu étais repartie
et tu as tant couru
j'étais seul dans le port
et les bateaux rentraient
quelques petites lumières
se reflétaient dans l'eau

Sous la pluie diluvienne
les ombres ont disparu
j'essaie de t'appeler
mais tu ne réponds pas
où es-tu maintenant
peut-être kidnappée
par ces individus
qui nous guettaient là-bas

Sous la pluie diluvienne
les ombres ont disparu
et je suis détrempé
assis là dans la rue
le téléphone s'allume
je te vois au soleil
tu me dis quelques mots
ta langue m'interpelle

Sous la pluie diluvienne
les ombres ont disparu
qui est cette étrangère
qui te ressemble tant
tu as l'air amoureux
et très entreprenante
comment vais-je te rejoindre
dans ce pays lointain

Ce qu'est le pire

Sur l'arc-en-ciel des parenthèses
tu marches encore mais pourquoi pas
tu as ôté cette prothèse
qui te dérange sous les bras

le monde entier est en vacances
tu es tout seul dans le soleil
tu t'es assis alors tu penses
où sont allés tous tes orteils

tu as couru dans les couleurs
qui s'en allaient loin de tes pieds
mais l'arc-en-ciel ne dure des heures
il est parti pour se coucher

tu as alors remis tes jambes
dans le cercueil qui t'attendait
et maintenant tu les enjambes
ces souvenirs qui te hantaient

aux environs des crépuscules
dans les tranchées du paradis
tu as des joies qui se bousculent
au paradoxe des sursis

tu peux partir loin des sourires
la tête haute le regard droit
ils ne savent pas ce qu'est le pire
mais ça tu le gardes pour toi

Ce signe

Nous irons rechercher les ombres de la paix

laissées sur la terrasse du ventre de la terre

au fond des vérandas fracassées par le temps

sous les mots d'outre-tombe qui retombent lentement

nous irons rechercher les liens élémentaires

ils sont cachés au fond des pavillons errants

nous désensablerons la vieille croix de guerre

elle a été posée sur le joint du passant

nous irons rechercher les témoins de l'enfer

les pauvres ont parcouru les tranchées de l'amour

ils ont couru devant le hasard à la main

craignant de se tromper de passage ambigu

nous irons rechercher notre vie singulière

le bon train la bonne place dans ce hall de gare

ils nous emmèneront vers notre vraie lumière

et nous aurons trouvé ce signe au fond de nous

Ces quelques mots

Allons mourir main dans la main
dans les pays où court le vent
soyons heureux dans ce jardin
avec la mort soyons amants

elle nous emmène en découverte
sur des planètes inconnues
vers des amours sur îles désertes
elle est sublime quand elle est nue

Allons mourir main dans la main
j'ai attendu ce moment-là
en me levant tous les matins
elle m'a serré fort dans ses bras

au bord du quai on a marché
elle me prenait du bout des doigts
je lui rendais ses doux baisers
nous sommes allés seuls sous les bois

Allons mourir main dans la main
dans un bistrot elle m'a dit oui
pourquoi remettre au lendemain
le plus beau jour de cette vie

j'ai griffonné ces quelques mots
je vous aime tous mais je m'en vais
et de la tour là tout en haut
main dans la main on s'est jetés

Ces souvenirs

De l'horizon au jour levé
je vais garder mes paradis
les moments doux dans le bassin
jardin fleuri porte d'Eden

des rendez-vous avec la vie
avec tous ceux qui m'ont quitté
peuplant mon âme avec des fleurs
et votre vent chargé d'odeurs

De l'horizon au jour levé
je vais garder mes paradis
j'en ai nagé des randonnées
vers les espoirs renouvelés

dans les palmiers aux ombres bleues
le long des murs aux ocres roses
entre rosiers et les lavandes
apparaissait ce cher clocher

De l'horizon au jour levé
je vais garder mes paradis
je te parlais m'écoutais-tu
quand le grand pin venait vers moi

j'emporterais ces souvenirs
pour colorer où je serais
j'ai ressenti un grand amour
dans cet endroit de volupté

C'est bon de s'aimer

Dans le fond de la nuit
je sens encore ton corps
dans le fond de la nuit
je vois encore ton âme

tu ne m'as pas quitté
je sens encore ta main
elle caresse la mienne
je sens encore tes doigts

les rues se brouillent un peu
de mille larmes de toi
les couleurs s'éparpillent
de mille regards de toi

je me suis assis là
je sens mon cœur mourir
je me suis assis là
c'est trop fort de souffrir

je ne veux qu'on me parle
je n'ai plus rien à dire
je sens monter en moi
cet amour à détruire

je marche sous la pluie
la douleur m'éclabousse
une dernière lueur
je sens une secousse

je te vois tu es là
tu ne m'as pas quitté
je te vois tu es là
que c'est bon de s'aimer

Cet incendie

Ce sont des escaliers
qui mènent aux soleils
et quand je les montais
c'était toujours pareil

comme un manège bleu
éclairé par la vie
je retournais mes yeux
pour voir cet incendie

mes intentions brûlaient
ces mots jetés au feu
je me précipitais
pour éteindre ce jeu

mais dans le récipient
chauffaient des sentiments
je voyais de belles femmes
qui attisaient ma flamme

je ne savais quoi faire
je criais comme un fou
mais elles voulaient me plaire
en chantant des mots doux

ce sont des escaliers
qui mènent aux soleils
mais je préfère l'amour
brûlant en moi toujours

Dans les contours

Tu t'es perdu dans les contours
de ce désert jour après jour
il te manquait toujours la paix
en revenant à tes après

et plusieurs fois t'as reconnu
les même dunes venant des nues
toutes les visions de ta jeunesse
les même trains roulant sans cesse

tu t'es perdu dans les contours
et l'arrivée est à rebours
tu as revu tous ces tunnels
sans retrouver ce bout de ciel

les même gares les même gens
dans ce désert si lancinant
arrêter tout descendre là
prendre un instant entre tes bras

tu t'es perdu dans les contours
et cet instant sans être sourd
t'as bien compris qu'il était muet
perdre ton temps à l'écouter

et puis viendra le jour enfin
tu le prendras cet autre train
en plein désert du bout de vie
pour éviter ton agonie

Dans les prisons

Dans les prisons on tourne en rond
dans cette cour où volent des sons
c'est la volière du temps qui passe
chaque destin est dans l'impasse

on a tous eu une trajectoire
pour la plupart sans un espoir
on a cherché dans notre enfance
à nous sortir de cette errance

dans les prisons on tourne en rond
les yeux braqués sur le plafond
on se souvient des jours heureux
quand on volait en amoureux

dans ce trou noir c'est la galère
on est pourri on manque d'air
comptant les jours qui fuient pour rien
barrant les traits sur le calepin

dans les prisons on tourne en rond
matin et soir on perce le fond
un coffre-fort fermé sur nous
frêle clarté du bout du trou

jusqu'au dernier on comptera
la mort vivante au fond des draps
pour mériter cette lumière
qu'on trouvera dans une autre ère

Dans ma main

Sur le plan du chemin
je recherchais en vain
le tracé que j'ai pris
pour arriver ici

traversant des jardins
de mondes surnaturels
j'ai suivi Aladin
sa lampe providentielle

j'étais au paradis
millions de lieues d'ici
dans ce grand tunnel blanc
où dorment mes parents

la trace s'est brouillée
et presque disparu
j'ai suivi l'araignée
sur la toile suspendue

je croisais des insectes
qui étaient endormis
dans cette ambiance infecte
je me trouvais surpris

sur le plan du chemin
j'ai croisé l'imparfait
il tenait dans ma main
me serais-je trompé

Dans mes bagages

Dans mes bagages j'ai mis mes songes
j'y suis enfoui quand je m'y plonge
de grands bateaux volent au vent
ça fait sourire les goélands

le chef de gare est en ballon
il a des fleurs à son caleçon
la mobylette du président
envoie des gaz à tous les gens

dans mes bagages j'ai mis mes rêves
et dans ma tête quand je me lève
le grand douanier veut les trier
son pantalon est déchiré

moi j'ai la tête comme une valise
alors je brode et je m'enlise
cette farine sur le gâteau
et c'est la fête qui tombe à l'eau

dans mes bagages j'ai mis mes songes
je suis trempé comme une éponge
ils me font peur et m'interpellent
lorsque je creuse avec ma pelle

je pars pour le dernier voyage
ils sont petits les paysages
au fond d'un sac y est l'amour
un aller simple sans retour

Dans ta maison

Dans ta maison y vole le vent
et les oiseaux y dorment souvent
par la fenêtre passent tes amis
les chats sont noirs les chats sont gris

tu sais changer l'humeur du monde
par de beaux jours tu les inondes
dans le salon en fond de glace
les animaux ont pris leur place

par l'escalier descend l'amour
très habillé en beaux atours
et de la porte vient la musique
aux battements en harmoniques

chacun s'inquiète de son voisin
le poisson rouge se sent-il bien
et toi tu guides en amoureux
la petite troupe dans le ciel bleu

dans ta maison y vole le vent
loin des chagrins et les tourments
les roses d'hiver ensoleillées
ne pensent plus à se faner

ne plus penser c'est ton chemin
tu peux les prendre par la main
pas de bocaux pas de frontières
et puis aimer la terre entière

Elle a sauté

Depuis la tour tu as sauté
tu avais pris du L S D
le monde est beau quand on est haut
le monde est beau

tu quittes tes peurs et tes angoisses
les araignées suivant ta trace
et ces sauvages qui te cherchaient
qui te cherchaient

les rats venaient de toutes parts
te grignoter là au hasard
si tu n'avais pas pris d'amour
pas pris d'amour

pour avoir droit à ton plaisir
tu te vendais dans le délire
faisant du sexe aux inconnus
aux inconnus

en partant dans les soleils noirs
dans des bagnoles tous les soirs
pour chaque instant chaque douleur
chaque douleur

et dans la glace tu ne voyais
que les serpents du monde entier
qui dévoraient ton cœur meurtri
ton cœur meurtri

tu as sauté comme un oiseau
en t'écrasant sur les carreaux
tu as trouvé ton paradis
ton paradis

le lendemain on a trouvé
ton corps défait sur le pavé
volant parmi les papiers gras
les papiers gras

Enfin le vrai

Je me suis engagé
dans le jeu des miroirs
sans fin je me voyais
dans ce jeu dérisoire

je voyais mon passé
je voyais mon futur
je me voyais bébé
un ours grandeur nature

au fond j'étais bien mort
tout heureux de mon sort
adieu tous les ennuis
j'étais au paradis

et dans cette autre vie
vers l'an deux mille cinq cents
je trouvais des amis
dans un monde surprenant

d'une seule inspiration
l'inspiration d'amour
et nous nous reflétions
ces images alentour

j'ai vu enfin le vrai
dans ce jeu de miroirs
chacun devrait aimer
il est là notre espoir

Entre les clous

C'est en suivant mon grand soleil
dans les campagnes et dans les villes
que j'ai trouvé quelques merveilles
et des horreurs des hommes vils

j'ai sillonné et découvert
le cœur ouvert et solitaire
les cathédrales de nos usines
j'ai vu des âmes qui s'illuminent

ce grand soleil il m'a guidé
dans les faubourgs du monde entier
tous entassés ils vivent en rats
avec la mort entre leurs bras

pendant ce temps des orgueilleux
parlent d'amour et de Bon Dieu
fouillant les poches des malheureux
ils ont de l'or au fond des yeux

mon grand soleil m'a emmené
jusqu'à la cour où tu dormais
j'ai reconnu notre grand amour
qu'on cajolait entre les tours

et maintenant main dans la main
on va fouler notre chemin
car ce soleil il est en nous
on passera entre les clous

Étoile filante

La comédie itinérante
était fleur bleue et délirante
elle s'arrêtait dans les villages
selon le temps et ses rouages

une famille de comédiens
tous aussi beaux et même le chien
le bus roulait à vive allure
dans des endroits pas toujours sûrs

le soir ensemble ils s'apprêtaient
ils marmonnaient se maquillaient
puis ils jouaient se débordaient
devant les larmes du monde entier

les rires fusaient s'éparpillant
dans les regards des jeunes enfants
et les parents oubliaient tout
c'était la gloire d'une bande de fous

quand les bonheurs s'évaporaient
sur les tréteaux ils s'attablaient
se refaisant des avenirs
entre deux coups et trois fous-rires

la comédie itinérante
est avant tout étoile filante
celle qui marque le fond des yeux
dans les campagnes et les banlieues

Fin du grand tour

On a en soi la clé des champs
au bout des environs
souvent très perturbants
comment pouvoir ouvrir les sons

on peut longtemps chercher en soi
découvrir la serrure
de toutes les aventures
pas à peu près langue de bois

on a en soi la clé des champs
ces chemins parcourus
à jamais disparus
elle est enfouie depuis longtemps

dans cette cage on dort encore
envoyé aux galères
tout petit manquant d'air
en fond de cale vers les grands ports

et dans la jungle de toute une vie
tournant dans les manèges
qu'il pleuve qu'il vente ou neige
en s'inventant des paradis

on a en soi la clé des champs
de cet amour vivant
qui sommeillait en nous
il doit sortir et voir le bout

savoir aimer surnaturel
pour sortir du tunnel
ce sera un grand jour
fin du parcours fin du grand tour

Imaginer

Allez passez on vous connaît
le tourniquet tourne sans cesse
vous venez d'où du monde entier
chercher l'amour et les ivresses

ici on rit on chante on boit
on fait l'amour comme il se doit
les femmes sont belles et elles le montrent
on ne regarde pas sa montre

révolution est un beau mot
qui nous rend libre et tous égaux
on peut le dire et le crier
nous aimons tous la liberté

on s'est battu on se battra
pour la choyer entre nos bras
nos chers enfants de la patrie
veulent la garder aussi jolie

allez passez on vous connaît
vous y venez pour nous aimer
du romantisme plein les yeux
ici ça brille de mille feux

mais qui pourrait imaginer
que pour cela on nous en veut
c'est impossible qu'un étranger
ne nous aime pas un petit peu

J'avais perdu la vue

Dans les ruelles tordues
je marchais fatigué
le monde me bousculait
j'avais perdu la vue

je ressentais la vie
qui marchait devant moi
en serrant dans ses bras
une douceur infinie

je sentais vaciller
mon cœur cherchant l'amour
comme un vieux troubadour
qui se sent terrassé

j'entendais des enfants
jouant à la marelle
certains étaient riant
quand ils montaient au ciel

dans les ruelles perdues
était partie ma vue
comment me retrouver
dans cette immensité

une enfant est venue
et m'a pris par la main
alors m'est apparu
un des plus beaux matins

Jusqu'au bout

En brûlant tes papiers
tu ne peux circuler
tu veux une autre vie
une nouvelle comédie

sur ton nouveau passeport
il est écrit d'abord
fausser est interdit
ce n'est pas un sursis

tu changes la photo
les délires les infos
tu vas pouvoir passer
tu es bien l'étranger

tu t'es fait une histoire
sans tambour ni fanfare
un petit délinquant
tu es libre maintenant

tu es pourtant le même
tu détestes que l'on s'aime
ce qui est important
c'est l'endoctrinement

et ceux qui sont comme toi
comment changer leurs draps
l'âme dans les égouts
ils iront jusqu'au bout

L'échiquier

Vol de vipère oiseau rampant
tu t'arrêtais t'étais tremblant
sur l'échiquier de ton grand-père
posé à plat sur l'étagère

le fou furieux risque sa vie
dans les jardins de l'utopie
le cheval blanc monte à la tour
son pion errant dans la grande cour

pour que chacun puisse avancer
et que la dame soit protégée
que le respect soit de rigueur
elle doit rester à la hauteur

et si ce jeu était la vie
que l'important soit nos envies
on va chercher avec nos pièces
ce grand instant mettant en liesse

celui en face c'est ton destin
faut le contrer te prendre en mains
changer d'espoir sur le parcours
et embrasser de nouveaux jours

des rendez-vous que t'as manqués
en essayant de rattraper
il faut rejouer souvent les coups
prendre le temps d'aller au bout

La combine

Dans l'intervalle itinérant
j'ai pris le sens du faire semblant
sur l'autoroute de parenthèses
je prenais soin que ça me plaise

je sautillais de ci de là
comme le font les petits rats
mais moi je suis un gros matou
et de ce moi d'aucun se fout

il a raison que suis-je enfin
un mouvement de serpentin
l'ombre de vous qui me lisez
regardez moi crotte de nez

un courant d'air qui va au bout
sans s'occuper d'être dans les clous
passer des jours dans la piscine
à faire des ronds qui se débinent

dans l'intervalle itinérant
je ne serai jamais un grand
un grand monsieur qu'a la combine
avez-vous vu cette bobine

je suis petit un drôle d'enfant
qu'a dans sa tête certains penchants
et sa serrure elle est fermée
et il en a jeté la clé

La serrure

C'est en bloquant cette serrure
que ton périple s'est arrêté
adieu pour toi cette aventure
et maintenant t'es enfermé

tu peux toujours les appeler
ici c'est loin du monde entier
tu vois un peu dans le miroir
passer des trains dans tes histoires

tu en prends un pour t'emmener
près de la côte dans le Midi
un train vapeur comme il te plaît
celui du soir vers les minuit

une jeune femme est face à toi
dans le décor des wagons-lits
dans un déshabillé de soie
tu ne rêves pas elle te sourit

c'est en bloquant cette serrure
que t'as bloqué tes rêves aussi
et ce reflet qui te rassure
comment peut-il le faire ainsi

il te renvoie à tes amours
l'amour du train et de la nuit
alors peut-être bien qu'un jour
cette aventure sera finie

Le boulot

À travers les filets
difficile de passer
se frayer un chemin
quand on est un vilain

fugitif de naissance
voyou d'adolescence
tu suivais le trajet
que tu t'étais donné

la came et les bijoux
t'en avais les yeux doux
un maquereau bien frais
pour les jours de criée

les filles elles t'aimaient
heureuses de travailler
te chérir pour te plaire
en s'envoyant en l'air

ils ont fait l'addition
ont traqué ton plongeon
ont serré ta bobine
dans ta belle limousine

à travers les filets
difficile de passer
encore moins les barreaux
c'est fini le boulot

Le chemin

Dans le fond du ruisseau
les pierres se reposent

l'enfant y trouve sa vie
au bout de son bâton

il guette le reflet
de son jeu qui frétille

dans l'eau de la rivière
il a grandi déjà

il y nage sans peur
il y voit son futur

il veut y vivre seul
ses plaisirs de l'amour

les jeunes femmes sont belles
comment trouver la sienne

il suit les pierres au fond
qui lui montrent le chemin

ils partent vers le fleuve
où ils seront tranquilles

pour faire de beaux enfants
et y seront en paix

lorsqu'il sera très vieux
il trouvera la mer

rejoindre ces ancêtres
sans jamais se noyer

Le désert du néant

Dans le désert des yeux

je marche sans savoir

je me suis dans mon ombre

qui part à l'horizon

je m'entends sans arrêt

me poser la question

sur le couloir du mort

et son signe d'espérance

dans le désert des signes

il en est encore un

qui me guide vers le lien

celui de l'essentiel

le lien de l'univers

qui est dans notre code

l'échelle du divin

elle fait battre notre âme

le désert du néant

est à portée du temps

juste au bout de la vie

s'il n'y a pas d'espoir

alors Dieu est charogne

dévoré par les vers

horrible puanteur

régnant sur cette terre

dans le désert des mots

qui crient dans le placard

les quelques mots qui tournent

autour de mes soleils

ils sont vraiment usés

comme le doudou des rêves

que je rangeais enfant

le soir sous l'oreiller

Le passage

C'est un passage de délivrance
si délicat de notre errance
trouver l'espace où on agit
dans les espoirs dans nos envies

jeu de miroirs où les reflets
pourraient vraiment nous engager
dans les coulisses des sensations
l'avant d'après peut être bon

c'est un passage de délivrance
tout au début de notre enfance
sortir au monde dans un cri
et le chercher toute notre vie

se reconnaître confusément
sans se connaître absolument
pouvoir passer dans un point flou
et reconnaître qu'on devient fou

c'est un passage de délivrance
peut-être un point de référence
jeter l'orgueil dans les orties
renouveler sa panoplie

à ce moment on devient fort
reconnaissant qu'on a eu tort
peut-être alors on devient grand
et on s'en va très loin devant

Le portable

Au rendez-vous tu n'es venu
toute cette histoire t'étais perdu
tu as suivi l'itinéraire
tu as tourné rue Baudelaire

mais ce chantier ces quelques mots
qui ressortaient de ce métro
tu essayais de déchiffrer
cette chanson qui t' attardait

les notes venaient de tous côtés
manifestant le droit d'aimer
de retrouver ces quelques vers
pour y former un univers

dans ta voiture t'étais heureux
cet air naissant serait pour deux
les mots les notes faisaient l'amour
c'était pour toi le plus beau jour

tu ne peux pas lui dire
comment faire maintenant
vous allez en souffrir
le jour de ses vingt ans

oui mais voilà le temps passait
et tu cherchais à les marier
tu comprenais leur grand désir
c'était l'instant de les unir

et puis ainsi tu peux chanter
mais ce chantier t'a retardé
et le portable est important
ne l'oublie plus dorénavant

tu ne peux pas lui dire
comment faire maintenant
vous allez en souffrir
le jour de ses vingt ans

Le songe étranger

À travers la lucarne
je vois les environs
dans ma tête ils incarnent
des milliers de brouillons

les rêves de mes jours
enfermés dans la cage
des oiseaux de toujours
y picorent mon âge

sur les murs les rayons
projettent des crayons
redessinant ma vie
en destins accomplis

le silence est bruyant
dans l'éventail des jeux
et je vois sur le plan
l'itinéraire de Dieu

je vais jeter les dés
dans l'amour incarné
retrouvant le circuit
de mes leurres infinis

par la lucarne je vois
que je ne suis plus là
dans un songe étranger
qui passe sans effet

Le tourbillon

C'est dans le tourbillon
que t'as vécu ta vie
les nuages à l'horizon
ont veillé sur ton lit

dans les aéroports
tu as souvent dormi
te sentant à bon port
dans des rêves infinis

c'est dans le tourbillon
que ta tête est partie
s'accrochant aux chansons
que tu trouvais jolies

les chemins sont divers
menant dans le désert
ton esprit est perdu
et même interrompu

c'est dans le tourbillon
que s'éteint cette flamme
et ton rêve en haillons
a chaviré ton âme

ta vie s'arrête ici
ton corps y est enfoui
ton songe va ailleurs
retrouver sa demeure

L'enfance disparue

J'ai dans mon âme une volière
qui monte en haut loin de la terre
mes grands oiseaux y volent en paix
loin de nos tourmentes un monde imaginé

je m'y balance avec ma mère
je n'ai pas peur elle me tolère
on fait des boucles on se sourit
je suis vraiment heureux de la vie d'aujourd'hui

j'ai dans mon âme une volière
ouverte au vent de mes chimères
j'ai rencontré de belles personnes
et on peut se parler lorsque les cloches sonnent

elle m'avait dit de croire en Dieu
quand on est mort on part aux Cieux
je voulais bien faire comme elle dit
je regardais là-haut ils étaient trop petits

j'ai dans mon âme une volière
je l'ai montée et j'en suis fier
je l'ai emplie de mes croyances
en retirant les bruits qu'ont peuplé mon enfance

le son est clair j'aime ma musique
les mots vivants sont atomiques
j'ai recréé ma vie perdue
où les sonnettes sont belles de l'enfant disparu

Les gens d'ailleurs

Les songes passent dans les faubourgs
mais traversent les tours
chacun vit d'utopies
la Tour Eiffel est loin d'ici

c'est un patchwork dans les banlieues
s'inscrivant dans leurs yeux
mais beaucoup ne voient plus
tous ces trajets tant parcourus

c'est le malheur qui a conduit
tous ces gens en sursis
en évitant les bombes
ils ont marché vers notre monde

cette tristesse les réunit
maintenant ils sont gris
la misère dans le cœur
ils ont gagné d'autres douleurs

regardant de travers ces gens venus d'ailleurs
ces hommes entrés vers nous ont en eux une valeur

petits trafics et poudre blanche
pour eux c'est leur dimanche
les filles font le tapin
pour colorer le grand sapin

la vente des armes des grands caïds
pour deux balles dans le bide
et les gens ont bien peur
que leur chère fille devienne leur sœur

pour qu'ils attrapent un jour un rêve
il faudra faire la trêve
nous jouissons de ces armes
vendues à tous et aux gendarmes

regardant de travers ces gens venus d'ailleurs
ces hommes entrés vers nous ont en eux une valeur

Les rendez-vous

Tu étais fatigué
de cette longue course
tu t'es laissé guider
par la brillance de la grande ourse

dans cet immense désert
tu appelais tes pairs
ils ne répondaient pas
tu avais soif tu étais las

devant toi c'est ta vie
ici s'est accompli
ton hasard tout entier
les rendez-vous que t'as manqués

les portes devant toi
se refermaient sans cesse
tu n'avais plus la foi
tu ne sentais que ta vieillesse

les soleils trop nombreux
brûlaient tes rêves
la mort au fond des yeux
de ton enfance lorsqu'elle se lève

tu étais fatigué
de ce désert passé
ton histoire était là
tu mourais dans ses bras

Les terrains vagues

C'est dans les terrains vagues
qu'on voit pousser des cœurs
il ne faut qu'on élague
ça peut faire des malheurs

de merveilleuses plantes
envahissent le décor
et le Bon Dieu y plante
des bosquets trompe-la-mort

on y trouve de l'art
dans les objets posés
certains voient du bazar
où le rêve est caché

des carcasses rouillées
décorées par la vie
aux amants fatigués
s'ébrouant sous la pluie

des rosiers chantent l'amour
avec des chrysanthèmes
au tempo du tambour
qui roule des je t'aime

dans ce grand terrain vague
le chemin y est bon
et souvent on y largue
un envol de ballons

L'étoile est dans mon âme

J'ai tout quitté mais je suis bien
ce train menait vers le lointain
les rails guidaient le grand convoi
j'en avais peur perdant ma voix

on était tous très entassés
dans le wagon pour les bestiaux
on ne sait où on nous menait
notre âme était au caniveau

enchevêtrés et écrasés
et ce ciel gris qui défilait
on était juifs et puis voilà
on n'avait pas cousu de croix

le train prenait de la vitesse
il emmenait notre jeunesse
et puis aussi les petits vieux
qu'avaient la fin entre les yeux

et la locomotive nous tirait loin du monde
au fond de l'univers où nous serons en ronde

les rails étaient là sous nos pieds
on entendait leur lourd tempo
on était tous défigurés
par cette mort qu'on sentait trop

et puis la fin est arrivée
on est partis pour se laver
je chante en moi pour ce final
les gaz suffoquent et je vois mal

mais ils n'ont pas brûlé ma foi
elle dort toujours entre mes bras
ils ne peuvent pas incinérer
la liberté de la pensée

au fond de l'univers nous sommes arrivés
l'étoile est dans mon âme parmi la voie lactée

Leur constellation

Les mots s'en vont très loin
ils migrent dans le ciel
et trouvent le chemin
qu'est pour eux essentiel

ils vont se reproduire
sur une île déserte
cela pour le plaisir
de notre découverte

ils rencontrent très loin
de bons mots étrangers
alors ils prennent soin
de bien s'enraciner

ils sont nouveaux et beaux
avec de belles couleurs
en forme de tableaux
prenant de la valeur

les mots partent très loin
au fond de l'univers
et reviennent un à un
formant de nouveaux vers

et leur constellation
brille quand vient le soir
à bord de cet avion
ou au fond d'un tiroir

Leurs chimères

Tu cours encore tu cours encore
dans l'escalier tu es dehors
après les vents les aventures
dans les terrains à toute allure

tu ne sais pas ce qui t'angoisse
tu sens ton âme qui se froisse
ton avenir te court après
alors t'attends dans ton passé

tu cours encore tu cours encore
des sensations d'horreur dehors
pourquoi ton ombre te poursuit
t'entends au loin de drôles de bruits

ils se rapprochent et te pénètrent
tu vas sauter par la fenêtre
tu t'arrêtes un instant
pour écouter le vent

tu cours encore tu cours encore
on t'avait dit un autre sort
mais toi tu n'en veux pas
tu vas le laisser là

tu as assez couru comme ça
à ce nouveau tu prends le droit
d'une tranquillité
que tu as méritée

tu leur laisses leurs chimères
à tous ces va t'en guerre

L'horreur

L'escalier mène en haut
dans les pièces de la peur
derrière les barreaux
où on y voit l'horreur

je monte doucement
en écoutant la vie
les bruits sont perturbants
je guette j'ai envie

la pièce est encombrée
de meubles poussiéreux
je marche dans l'entrée
je n'en crois pas mes yeux

je vois sur le billard
une demoiselle en noir
son crâne est entrouvert
et il en sort des vers

ces vers sont merveilleux
ils emplissent le salon
ils grouillent en camaïeux
envahissent le gazon

en écoutant leurs mots
je marche au bord de l'eau
le soleil s'est couché
dans la salle à manger

L'oiseau de paix

Toi l'oiseau qui survoles
tu inspires la paix
regardons bien ton vol
en magnifiques ballets

dans ton corps transparent
on y voit le parfait
tu es comme le vent
harmonieux et léger

tu es là dans le ciel
à partir tout là-haut
en montrant l'essentiel
tu captes le si beau

tu appelles la douceur
atténuant la douleur
en surpassant la mort
où se conjuguent les torts

tu apportes l'amour
brillant à chaque tour
il faut qu'on te ressemble
et ainsi vivre ensemble

tu es mon bel oiseau
un bel oiseau de paix
même si tu es corbeau
c'est toi qui dois guider

Mes ancêtres

Lorsque l'on sort de cette route
on est perdu dans le sous-bois
on se retrouve sous cette voûte
cherchant en vain le moindre toit

je suis curieux je voudrais voir
cette maison abandonnée
dont on parlait cet autre soir
je sens mon âme fatiguée

dans la forêt je suis perdu
mon rêve me quitte je n'en puis plus
pourtant j'y tiens j'ai cet espoir
dans ma famille ce vieux manoir

je vois au loin deux tours pointues
je sens mon cœur qui est perdu
en m'approchant mes pieds s'en vont
je sens ma tête à l'abandon

petit château qui est en ruine
on voit le ciel dans les étages
toiles d'araignées dans cette bruine
un vieux bouquin tournons la page

je sens l'amour de mes ancêtres
planer au cœur de chaque pièce
bourgeois terriens à l'âme champêtre
au fond de moi je suis en liesse

à Nickou

Mes vers

Ces quelques marches en rond
de l'escalier ovale
me mènent tout au fond
à plusieurs pas du val

c'est un immense jardin
où se trouvent mes objets
ces recueils dans la main
qui me montrent le trajet

un carnet un crayon
pour y noter les titres
prière d'abandon
inspirée d'un épître

mon arrosoir violet
pour arroser l'amour
réveillant de vieux laids
qui tournent aux alentours

les boutons de mes vestes
servant aux jeux de dames
enfin ceux qui me restent
après ma dernière flamme

descendant l'escalier
j'ai trouvé le coffret
aux quatre vents ouvert
où s'écrivaient mes vers

Mon amante

La sculpture de ton corps
est assisse devant moi
mais elle bouge encore
comme la première fois

tu m'as souris un peu
après ce long voyage
cet amour dans les yeux
qui venait d'un autre âge

était-ce bien toi là-bas
sous les grands cocotiers
ce singe dans tes bras
jouant avec tes pieds

on ne s'est pas connu
mais je suis amoureux
alors quand je t'ai vue
j'ai crié je te veux

et tu m'attendais là
parmi d'autres objets
je te voyais déjà
mon amante à jamais

dans le jardin d'hiver
t'as fini ton chemin
heureuse tu en as l'air
je t'embrasse ce matin

Nous y sommes tout petits

Notre maison est un bateau
un merveilleux un unique bateau
la mer est l'univers
on est souvent en l'air

et tous les deux nous gouvernons
parmi vous tous aux environs
à chacun son jardin
à chacun son chemin

on a quitté la société
elle encombrait trop nos étés
je vois encore le quai
partir de nos pensées

par le hublot je vois leur vie
ils sont pressés ils s'asphyxient
je les vois tous mourir
ce n'est pas bien d'en rire

**notre voilier est loin du monde nous nous sommes enfuis
regardez bien la mappemonde nous y sommes tout petits**

pour se nourrir on fait livrer
et on n'est plus des carnassiers
nos amis animaux
sont près de nous dans l'eau

on est relié par internet
alors on tire toutes les sonnettes
on a chacun sa toile
et les mots dans les voiles

très rares sont ceux qui montent à bord
quelques très proches qui valent de l'or
ainsi vogue la maison
dans toutes les saisons

notre voilier est loin du monde nous nous sommes enfuis
regardez bien la mappemonde nous y sommes tout petits

On puisse s'aimer

Comment ouvrir la cage
où tu t'es enfermé
tu peux mourir de rage
tu n'es pas le premier

tu t'es mis dans la tête
et on t'y a aidé
d'arrêter cette fête
et renier ta pensée

tu ne peux plus comprendre
que la vie est fragile
que personne doit la prendre
ce songe est inutile

tu n'as plus de chemin
pour guider ton destin
tu dois réaliser
ce qu'on t'a demandé

et tout au fond de toi
tu ne vois la lumière
celle qui guide ton soi
vers tes propres rivières

comment t'ouvrir la porte
que t'as toi-même fermée
j'aimerais que tu sortes
que l'on puisse s'aimer

Où t'es parti

Tu as couru dans le couloir
pendant des jours matin au soir
les portes fermées vers les enfers
te protégeaient des incendiaires

par les hublots riait la mort
mais t'avançais tu étais fort
une grande place s'ouvre devant toi
avec ses murs et quelques toits

un animal est assis là
il a plutôt l'allure d'un chat
tu te demandes au fond de toi
si c'est un autre qui le voit

il est très doux et te rassure
et il te parle cela est sûr
pour retrouver cette sortie
il faut que t'aies confiance en lui

est-ce bien lui qui crée l'enfer
il te demande de te taire
cet incendie au fond de toi
comment l'éteindre avec ce chat

tu cours encore dans le couloir
tu sens en toi le désespoir
et tous ces gens qui t'ont suivi
ne savent pas où t'es parti

Pas à pas

Je traçais le trajet
sur la buée du carreau
j'avais imaginé
que je partais bientôt

la Chine de mes rêves
avec ses fleurs l'hiver
quand le soleil se lève
pour éclairer mes vers

je traçais le trajet
dans ma tête d'enfant
comment imaginer
un jour devenir grand

l'angoisse revenait
je ne pouvais bouger
sur la toile pourquoi pas
j'avançais pas à pas

je rencontrais des mots
que je reconnaissais
ils sortaient des canaux
vers mes nouveaux cahiers

je traçais le trajet
qui tournait dans mes vers
peut-il représenter
un point de l'univers

Pensée répugnante

J'ai cherché dans le puits
souvenirs et tendresse
j'y ai trouvé la pluie
et certaines averses

j'avais pourtant marché
dans les bois dans les prés
me fiant à mon destin
au bout de mes deux mains

quand je suis arrivé
au milieu de la cour
j'étais très épuisé
j'ai senti les vautours

alors au fond du puits
y dorment où j'ai grandi
des marelles de détresse
comment gérer ce stress

le manège de couloirs
où s'y jouent mes déboires
une pensée répugnante
qui très souvent me hante

je préfère creuser
pour y trouver la paix
attraper cet amour
signe des nouveaux jours

Plus loin

Aller plus loin faire des détours
se rapprocher faire des retours
dans un passé presque oublié
peut-être venir s'y ressourcer

le vent emporte les chrysanthèmes
devant la porte de ceux qui s'aiment
savoir pourquoi dans la chanson
tourner voler quand ils s'en vont

aller plus loin faire des détours
pour éviter ces pauvres cours
chanter en chœur avec la mort
quand on a peur qu'elle jette un sort

trouver ici des amoureux
qui font l'amour devant nos yeux
mais les quitter très vite aussi
avant qu'après nous soyons pris

aller plus loin faire des détours
la vie réserve de drôles de tours
sur le chemin des va-nu-pieds
nous ne serons pas les derniers

la route est longue pour ceux qui traînent
a t-on le droit de prendre les rennes
pour retrouver le sillon blanc
que nous cherchions depuis longtemps

Rien dans les mains

Rien dans les mains rien dans les poches
de quoi ai-je l'air un peu gavroche
je sais je n'ai rien inventé
mais de mes manches sortent des bouquets

ça vous épate vous faites des yeux
des clignotants ampoules de dieu
je sors les cartes de l'atmosphère
elles viennent d'où rien dans les airs

je suis très fort aux tours bidon
je sais vous dire votre prénom
quelle est la femme que vous aimez
ça peut gâcher votre soirée

je sais lancer de grands couteaux
autour du corps de la justice
je peux aussi faire du vélo
sur ces deux roues feu d'artifice

rien dans les mains rien dans les poches
je vous étonne et moi j'empoche
mon numéro est sur la scène
entre les quais coule la Seine

j'y fais passer des amoureux
et au-dessus un beau ciel bleu
deux belles colombes font un baiser
sous un Paris désabusé

Sa mémoire

Sur le quai de l'enfer
tu avais laissé faire
et cette voie barrée
qui était annoncée

la gare désaffectée
tu la trouvais jolie
avec son charme hanté
et toutes ses bougies

sur le quai de l'enfer
tu marchais sur du verre
au loin un chien jappait
il était attaché

tu entendais le bruit
des anciens voyageurs
il était vers minuit
et parlaient de l'horreur

une femme s'était jetée
sous les roues du convoi
pauvre désespérée
le train ne passe plus là

sur le quai de l'enfer
sa mémoire est dans l'air
la gare est trop jolie
pour y perdre la vie

Se tendre la main

Mes soleils sont partis
sur les rails de l'oubli
je vais courir autour
dans les signes alentour

au bord de l'aiguillage
j'ai écouté l'orage
sous le sens du déclin
faut se tendre la main

dans l'arbre du levant
s'harmonise le vent
dans les clapots de l'eau
se retrouve le beau

dans mon déséquilibre
je veux me sentir libre
je sens mes impressions
changer les environs

mes soleils sont partis
sur les rails de l'oubli
je cherche dans ma mémoire
ce que sera l'espoir

il faut prendre la voie
qui chante bien pour soi
sans s'occuper du temps
qui est toujours changeant

Signe de la main

L'automobile qui t'emmenait
loin de ces villes et leurs secrets
loin des maîtresses et leurs amants
loin de tes rêves et tes tourments

les surprenant là dans ton lit
tu as cherché ton arme à feu
et t'as troué leurs panoplies
ainsi s'arrête leur petit jeu

l'automobile qui t'emmenait
s'arrête là devant l'entrée
de cet hôtel aux mille étoiles
et tu t'endors dans tes toiles

tu la revois nue dans la mer
vous vous aimiez c'était sincère
deux jeunes amants qui s'ébattaient
tu te débats dans tes pensées

vous vous voyez dans des châteaux
dans le grand Sud Acapulco
en cette baie si légendaire
qui brille encore en ton mystère

l'automobile t'a emmené
tu n'as pas pu y résister
évaporé dans le ravin
tu lui fais signe de la main

Ta bonne étoile

Tu as choisi ta bonne étoile
que t'as trouvée derrière le voile
elle fut très longue à découvrir
parmi les cris parmi les rires

combien de jours combien de nuits
as-tu cherché faisant le tri
sur les bateaux dans l'océan
les horizons étaient tremblants

tes attirances roulaient au sol
tu t'accrochais dans ton envol
à cette cage de l'errance
peut-être au bout cette espérance

un jour t'as vu au fond des liens
briller la foi entre tes mains
le monde entier s'est suspendu
ta course enfin interrompue

tu as choisi ta bonne étoile
que tu as vue derrière le voile
et maintenant tu peux aller
tranquillement dans les sentiers

jusqu'à la fin surtout après
continuera ta destinée
elle est ton âme tu le sais bien
que t'as trouvée sur ton chemin

Tes songes

Et tu t'étais assis
sur le bord de tes songes
mâchonnant tes paris
avant qu'ils ne te rongent

tu revenais de loin
traversant des pays
et tu le savais bien
ce serait mieux ici

et tu t'étais assis
attendant qu'ils t'appellent
lorsque tu es parti
t'as soufflé ta chandelle

tu entrais parmi eux
et tu as fait un vœu
on t'accueillait enfin
on te prenait la main

adieu ce monde affreux
qui emplissait tes yeux
tu te sentais léger
fini l' handicapé

mais tu étais assis
sur le bord de tes songes
cette vie loin d'ici
est un leurre tu la longes

Ton chemin

Au fond de la bouteille
l'espoir s'en est allé
après tous ces soleils
promettant d'échapper

échapper aux destins
encombrés de cadavres
après tous ces festins
recouverts de nos larves

au fond de la bouteille
le message endormi
s'est échoué là la veille
il apporte avec lui

il apporte avec lui
des environs étranges
perchés dans les lambris
où le futur se range

au fond de la bouteille
ton parcours s'interrompt
car ta carcasse est vieille
comment passer le pont

et tu restes assis là
le flacon à la main
le monde te paraît las
tu arrêtes ton chemin

Ton voile

Sur le plan de Paris
souvent le ciel est gris
pourtant les amourettes
nous tournent dans la tête

sur la Seine du cœur
circulent les langueurs
le bleu est dans tes yeux
j'en suis très amoureux

sur le plan de Paris
le soleil nous sourit
je t'écris deux trois mots
sur le flanc du bateau

tous deux dans le métro
on trouve les gens beaux
et porte de l'Etoile
tu as remis ton voile

on nous regardait mal
nous étions des parias
cette affaire est banale
je t'ai tiré par le bras

sur le plan de Paris
la balade est finie
c'était une utopie
que le monde est joli

Tourne ma tête

En effaçant la route
qui menait aux embruns
j'y ai perdu mes doutes
j'ai ouvert mes matins

aux fond des utopies
je cherchais mon destin
malgré les thérapies
je n'étais pas malin

en effaçant l'enfer
qui est mon univers
j'ai cru lever le jour
évitant les retours

mais ils reviennent souvent
ritournelle de tourments
tournant dans mes étés
sitôt accumulés

en effaçant la vie
qui me cerne dans mon lit
j'ai fait grandir la mort
peut-être que j'ai eu tort

je ne sais pas
où va la la fête
dans tous ces pas
tourne ma tête

mais je saurais
dans ce chantier
me retrouver
grâce au sentier

Tous les trajets

Tous les trajets mènent à ma mort
tous ces moments cernent mon sort
et moi je marche mâchant ma peur
les bruits les voix et les odeurs

beaucoup ne pensent qu'à la violence
la mienne est là depuis l'enfance
elle me sourit odieusement
dans tous endroits elle me surprend

je touche mon crâne dessous ma peau
et mon squelette sera t-il beau
je sens des trous derrière les yeux
mon souffle est court je me sens vieux

quant à mon âme elle ne dit rien
être éternelle ça lui va bien
mon âme devrait m'aimer plus fort
me veille t-elle quand je m'endors

tous les trajets mènent à ma mort
dans la lucarne je vois encore
certains espoirs me prendre la main
pour me conduire dans l'autre train

et dans le vent que je reçois
elle est au fond je l'aperçois
on est ensemble si confondus
que je suis elle j'ai disparu

Trouver la paix

Tous les petits ruisseaux
nous emmènent à la mer
ainsi que les canaux
importants sur la terre

j'ai couru les rivières
pour y trouver mon âme
elle brille dans les airs
comme le fait une lame

j'y ai vu mon reflet
partir et dévaler
les monts et les collines
j'ai franchi les ravines

j'ai suivi des cours d'eau
qui venaient de là-haut
pour y trouver la paix
je l'ai toujours cherchée

un beau jour sur un pont
soudain je l'ai trouvée
et dans cette région
je me suis retrouvé

maintenant je suis bien
regardant l'eau couler
je peux tremper ma main
cette eau m'a bien sauvé

Trouver sa voix

Trouver sa voie aux environs
trouver sa voix dans la chanson
et son sentier dans le sillon
avoir son rêve microsillon

aller chercher dans son destin
une corde tendue qui vibre bien
en la pinçant savoir y croire
et puis surtout avoir l'espoir

dans son jardin être tranquille
savoir goûter la joie de vivre
dans la banlieue ou dans la ville
boire la vie à en être ivre

avoir en soi le diapason
la liberté des horizons
être accordé à ses désirs
imaginer tous ses délires

trouver sa voie aux environs
pouvoir le faire sans déraison
ce petit rien est essentiel
avoir en soi son bout de ciel

chanter enfin au monde entier
son idéal comme il nous plaît
marcher devant et aller loin
et jusqu'au bout se sentir bien

Tu avances

Au couloir de la peur
à chaque moment tu meurs
chaque instant est horrible
tu flirtes avec ta bible

tu es équilibriste
tu avances et t' insistes
sur ta corde tendue
pourtant elle est rompue

tu t'accroches à l'espoir
du matin jusqu'au soir
un espoir éperdu
quand ce monde est perdu

pour toi qui vis tes rêves
dès que le jour se lève
tu rêves ce que tu vis
dans le temps si petit

au couloir de la peur
tu vas vers la lueur
qui éclaire les tempêtes
résonnant dans ta tête

un oiseau sur le bord
rassure ton émoi
alors ton âme s'endort
tout au fond de ton toi

Tu sens le vide

Les directions sont déployées
vers les déserts appropriés
tu te demandes dans quel schéma
en quelle étoile tu brilleras

dans des couloirs d'hésitations
t'engages ton âme en rebellions
et puis trois portes s'ouvrent à toi
il faut choisir l'une des trois

celle qui va te correspondre
pour embrasser un nouveau monde
destin sensé te délivrer
de tes tourments présents passés

tu t'es assis et tu hésites
des trois couleurs la blanche persiste
tu vas chercher en ta mémoire
si elle pourrait être l'espoir

alors enfin tu te décides
juste devant tu sens le vide
et puis tu marches lentement
tu as en toi des tremblements

tu es heureux tu cries de joie
ton cœur s'envole dans l'émoi
tu es en toi bien dans ton être
enfin fini de te paraître

Un autre destin

Certains rayons nous quittent
on ne sait où ils vont
leur ombre est si petite
nous nous en souviendrons

la mémoire éclairée
est dans la nuit qui rôde
il faut la cajoler
elle brille comme un code

au loin vole un mirage
emporté par le vent
écoutons le mixage
le son est important

on pense bien le connaître
il est très régulier
et suit toujours son maître
en lui comptant les pieds

certains rayons nous quittent
on ne sait où aller
en regardant le site
on peut remémorer

à l'horizon du temps
on revient vers le vent
en arrivant enfin
par un autre destin

Un autre Dieu

L'évolution de ton parcours
dans ce trajet au fond des cours
tu en profites pour t'arrêter
peut-être bien faire ton marché

quelques calibres et puis de l'herbe
à des voyous truands en herbe
tu te sens seul et solitaire
tes deux amis feront l'affaire

l'un le chauffeur l'autre pour t'aider
passant devant le bijoutier
c'est un hold-up et remplissez
de bagues sautoirs et de colliers

puis vous grimpez dans la voiture
qui redémarre à toute allure
vous vous quittez presque aussitôt
toi tu repars par le métro

l'évolution de ton parcours
c'est triste à dire passe par la cour
dans ta voiture un beau caillou
que ta copine portait au cou

tu dors à l'ombre de tes pensées
et vous aviez imaginé
faire tout sauter pour être heureux
en s'inventant un autre Dieu

Un autre voyage

La lumière du néon
éclaire les amoureux
ciné du Panthéon
ils en ont plein les yeux

ils sont beaux comme des stars
à la séance du soir
c'est la fureur de vivre
qui monte et les enivre

assis au dernier rang
ils ne font pas semblant
il a ouvert sa robe
et ses pieds se dérobent

on joue Le Grand Ruban
il a défait le sien
ce sont deux jeunes amants
il embrasse ses seins

la lumière se rallume
en sortant de la brume
ils restent là tous deux
ces nouveaux amoureux

faire un autre voyage
pour nulle part sans bagages
il sera même plus beau
qu'un départ en bateau

Un enfant gâté

De cette porte ouverte
je pars vers l'essentiel
je vais d'un pas alerte
en découpant le ciel

le son des mots me guide
j'arrondis leur tempo
pour qu'il soit plus limpide
je prends quelques photos

je vois bien les reflets
quelques-uns sont fugaces
comment interpréter
cette vie dans l'espace

je cours m'arrête et vole
par-dessus le village
je compte les étages
j'ai en moi une boussole

de cette porte ouverte
j'essaye mais en vain
dans cette voie déserte
de me faire écrivain

par quel couloir passer
pour jouer de mes mots
suis-je un enfant gâté
qui en demande trop

Un monde lumineux

Par les sentiers de l'ombre
nous sommes venus en nombre
chercher cette lumière
peut-être passagère

autour des environs
j'ai tracé au crayon
sur mon petit carnet
l'étoile illuminée

alors je l'ai suivie
en laissant mes envies
car je faisais confiance
aux rayons de brillance

j'ai vu dans la fêlure
y grandir la nature
les volutes de la vie
y étaient arrondies

et moi le passager
j'ai regardé passer
les clignotants d'un soir
qui coloraient le noir

et je me suis quitté
j'ai tout abandonné
pour un monde lumineux
sortant du ténébreux

Un papier blanc

C'est dans la brume de cette aurore
que je cherchais mon vain chemin
en écartant l'épaisse flore
la repoussant de mes deux mains

très inquiété dans cette mer
j'essayais bien quelques repères
qui s'enfuyaient là devant moi
je continuais j'avais la foi

soudain je vois au fond des joncs
un boîtier noir à moitié rond
je peux l'ouvrir rapidement
j'y vois au fond des faux-semblants

j'y vois aussi un papier blanc
et un tracé en y pensant
pour retrouver ma direction
j'ai ressenti des émotions

j'emprunte alors un vieux sentier
plein de miracles sur les côtés
les animaux sont habillés
et lancent en l'air quelques fusées

je vois au loin une cabane
j'y suis enfin y sont trois ânes
et une brebis est leur amie
ils vont jouer la comédie

Votre destinée

Par la fenêtre ou par la porte
tes rêves bleus se sont glissés
fatigués sous escorte
ils se sont installés

ils ont couru le monde entier
par l'autoroute et les vallées
ils ont longtemps marché
grimpant jusqu'aux sommets

ramenant avec eux de grandes histoires
de grandes batailles des guerres aussi
du matin jusqu'au soir
cherchant le paradis

pour vous donner des espérances
pour vous sortir de votre errance
un espoir dans la vie
pour combler vos envies

**les songes de loin viendront vous voir souvent tôt le matin
tenez-vous prêts même le soir sûrement le destin**

vous qui vivez dans la tristesse
depuis l'enfance votre jeunesse
pouvoir choisir enfin
prendre le bon chemin

ces songes soudain vont s'incarner
un grand amour une épopée
en soulevant le monde
cette joie vous inonde

par la fenêtre ou par la porte
ils vous diront en quelque sorte
que vous êtes le rêve
lorsque le jour se lève

les songes de loin viendront vous voir souvent tôt le matin
tenez-vous prêts même le soir sûrement le destin

Vous serez vivants

Des siècles d'horizons
courent sous nos balcons
en enfermant la trace
de ce temps qui repasse

on ne peut arrêter
les veines du passé
il tourne dans le manège
s'en allant sur les berges

des siècles d'horizons
fredonnent la chanson
demain se lèvera
avec la gueule de bois

trouveras-tu l'amour
que t'as connu un jour
il y a trois cents ans
tu en rêves souvent

des siècles d'horizons
et toi dans ta maison
tu prévois son retour
tu ne penses qu'à ce jour

elle sera la plus belle
dans l'infini moment
instant universel
où vous serez vivants

Table des matières

À petits pas 5
Abandon 6
Abandonné 7
Accusé 9
Aïeux 10
Aimer chacun 12
Alors elle chante 13
Amour pendu 14
Ancêtres 15
Après 16
Au bal du vent 17
Au bord du quai 18
Au cinéma 19
Au fond de la forêt 21
Au fond de nous 22
Au fond des yeux 23
Au fond du lac 24
Au fond du nid 25
Au loin 26
Auprès de soi 27
Authentique 28
Avec elle 29
Avec la mort 30
Besoin d'éternité 31
Bien arrivé 32
Bien réparé 33
Bonsoir la vie 34
Ça change tout 36
Ça m'arrange 37
Ce fil d'amour 38
Ce monde odieux 39
Ce pays lointain 41

Ce qu'est le pire	42
Ce signe	43
Ces quelques mots	44
Ces souvenirs	45
C'est bon de s'aimer	46
Cet incendie	47
Dans les contours	48
Dans les prisons	49
Dans ma main	50
Dans mes bagages	51
Dans ta maison	52
Elle a sauté	53
Enfin le vrai	55
Entre les clous	56
Étoile filante	57
Fin du grand tour	58
Imaginer	59
J'avais perdu la vue	60
Jusqu'au bout	61
L'échiquier	62
La combine	63
La serrure	64
Le boulot	65
Le chemin	66
Le désert du néant	67
Le passage	69
Le portable	70
Le songe étranger	72
Le tourbillon	73
L'enfance disparue	74
Les gens d'ailleurs	75
Les rendez-vous	77
Les terrains vagues	78
L'étoile est dans mon âme	79
Leur constellation	81
Leurs chimères	82
L'horreur	83

L'oiseau de paix	84
Mes ancêtres	85
Mes vers	86
Mon amante	87
Nous y sommes tout petits	88
On puisse s'aimer	90
Où t'es parti	91
Pas à pas	92
Pensée répugnante	93
Plus loin	94
Rien dans les mains	95
Sa mémoire	96
Se tendre la main	97
Signe de la main	98
Ta bonne étoile	99
Tes songes	100
Ton chemin	101
Ton voile	102
Tourne ma tête	103
Tous les trajets	104
Trouver la paix	105
Trouver sa voix	106
Tu avances	107
Tu sens le vide	108
Un autre destin	109
Un autre Dieu	110
Un autre voyage	111
Un enfant gâté	112
Un monde lumineux	113
Un papier blanc	114
Votre destinée	115
Vous serez vivants	117

www.ingramcontent.com/pod-product-compliance
Lightning Source LLC
LaVergne TN
LVHW051134080426
835510LV00018B/2414